Wednesday

January 1st, 2020

6 am	
7	
8	
9	
10	
11	
12 pm	
1	
2	
3	
4	
5	
6	
7	
8	

Health Goals:

MUST GET THIS DONE!

Inspiration for today:

Thursday

January 2nd, 2020

6 am	
7	
8	
9	
10	
11	
12 pm	
1	
2	
3	
4	
5	
6	
7	
8	

Health Goals:

MUST GET THIS DONE!

Inspiration for today:

Friday

January 3rd, 2020

6 am	
7	
8	
9	
10	
11	
12 pm	

Health Goals:

1
2
3
4
5
6
7
8

MUST GET THIS DONE!

Inspiration for today:

Saturday

January 4th, 2020

6 am

7

8

9

10

11

12 pm

1

2

3

4

5

6

7

8

Health Goals:

MUST GET THIS DONE!

Inspiration for today:

Sunday

January 5th, 2020

6 am	
7	
8	
9	
10	
11	
12 pm	
1	
2	
3	
4	
5	
6	
7	
8	

Health Goals:

MUST GET THIS DONE!

Inspiration for today:

Monday

January 6th, 2020

Time	
6 am	
7	
8	
9	
10	
11	
12 pm	
1	
2	
3	
4	
5	
6	
7	
8	

Health Goals:

MUST GET THIS DONE!

Inspiration for today:

Tuesday

January 7th, 2020

6 am

7

8

9

10

11

12 pm

1

2

3

4

5

6

7

8

Health Goals:

MUST GET THIS DONE!

Inspiration for today:

Wednesday

January 8th, 2020

6 am

7

8

9

10

11

12 pm

1

2

3

4

5

6

7

8

Health Goals:

MUST GET THIS DONE!

Inspiration for today:

Thursday

January 9th, 2020

6 am	
7	
8	
9	
10	
11	
12 pm	
1	
2	
3	
4	
5	
6	
7	
8	

Health Goals:

MUST GET THIS DONE!

Inspiration for today:

Friday

January 10th, 2020

6 am	
7	
8	
9	
10	
11	
12 pm	
1	
2	
3	
4	
5	
6	
7	
8	

Health Goals:

MUST GET THIS DONE!

Inspiration for today:

Saturday

January 11th, 2020

6 am	
7	
8	
9	
10	
11	
12 pm	
1	
2	
3	
4	
5	
6	
7	
8	

Health Goals:

MUST GET THIS DONE!

Inspiration for today:

Sunday

January 12th, 2020

6 am

7

8

9

10

11

12 pm

1

2

3

4

5

6

7

8

Health Goals:

MUST GET THIS DONE!

Inspiration for today:

Monday

January 13th, 2020

6 am

7

8

9

10

11

12 pm

1

2

3

4

5

6

7

8

Inspiration for today:

Health Goals:

MUST GET THIS DONE!

Tuesday

January 14th, 2020

6 am	
7	
8	
9	
10	
11	
12 pm	
1	
2	
3	
4	
5	
6	
7	
8	

Health Goals:

MUST GET THIS DONE!

Inspiration for today:

Wednesday

January 15th, 2020

6 am	
7	
8	
9	
10	
11	
12 pm	
1	
2	
3	
4	
5	
6	
7	
8	

Health Goals:

MUST GET THIS DONE!

Inspiration for today:

Thursday

January 16th, 2020

6 am	
7	
8	
9	
10	
11	
12 pm	
1	
2	
3	
4	
5	
6	
7	
8	

Health Goals:

MUST GET THIS DONE!

Inspiration for today:

Friday

January 17th, 2020

6 am	
7	
8	
9	
10	
11	
12 pm	
1	
2	
3	
4	
5	
6	
7	
8	

Health Goals:

MUST GET THIS DONE!

Inspiration for today:

Saturday

January 18th, 2020

6 am	
7	
8	
9	
10	
11	
12 pm	
1	
2	
3	
4	
5	
6	
7	
8	

Health Goals:

MUST GET THIS DONE!

Inspiration for today:

Sunday

January 19th, 2020

6 am

7

8

9

10

11

12 pm

1

2

3

4

5

6

7

8

Inspiration for today:

Health Goals:

MUST GET THIS DONE!

Monday

January 20th, 2020

6 am	
7	
8	
9	
10	
11	
12 pm	
1	
2	
3	
4	
5	
6	
7	
8	

Health Goals:

MUST GET THIS DONE!

Inspiration for today:

Tuesday

January 21st, 2020

6 am	
7	
8	
9	
10	
11	
12 pm	
1	
2	
3	
4	
5	
6	
7	
8	

Health Goals:

MUST GET THIS DONE!

Inspiration for today:

Wednesday

January 22nd, 2020

6 am	
7	
8	
9	
10	
11	
12 pm	
1	
2	
3	
4	
5	
6	
7	
8	

Health Goals:

MUST GET THIS DONE!

Inspiration for today:

Thursday

January 23rd, 2020

6 am	
7	
8	
9	
10	
11	
12 pm	
1	
2	
3	
4	
5	
6	
7	
8	

Health Goals:

MUST GET THIS DONE!

Inspiration for today:

Friday

January 24th, 2020

6 am

7

8

9

10

11

12 pm

1

2

3

4

5

6

7

8

Inspiration for today:

Health Goals:

MUST GET THIS DONE!

Saturday

January 25th, 2020

6 am	
7	Health Goals:
8	
9	
10	
11	
12 pm	
1	MUST GET THIS DONE!
2	
3	
4	
5	
6	
7	
8	

Inspiration for today:

Sunday

January 26th, 2020

6 am	
7	
8	
9	
10	
11	
12 pm	
1	
2	
3	
4	
5	
6	
7	
8	

Health Goals:

_____

_____

_____

_____

_____

_____

MUST GET THIS DONE!

_____

_____

_____

_____

_____

_____

_____

_____

Inspiration for today:

_____

_____

_____

Monday

January 27th, 2020

6 am	
7	
8	
9	
10	
11	
12 pm	
1	
2	
3	
4	
5	
6	
7	
8	

Health Goals:

MUST GET THIS DONE!

Inspiration for today:

Tuesday

January 28th, 2020

6 am	
7	
8	
9	
10	
11	
12 pm	
1	
2	
3	
4	
5	
6	
7	
8	

Health Goals:

MUST GET THIS DONE!

Inspiration for today:

Wednesday

January 29th, 2020

6 am	
7	
8	
9	
10	
11	
12 pm	
1	
2	
3	
4	
5	
6	
7	
8	

Health Goals:

MUST GET THIS DONE!

Inspiration for today:

Thursday

January 30th, 2020

6 am	
7	
8	**Health Goals:**
9	
10	
11	
12 pm	
1	**MUST GET THIS DONE!**
2	
3	
4	
5	
6	
7	
8	

Inspiration for today:

Friday

January 31st, 2020

Time	
6 am	
7	
8	
9	
10	
11	
12 pm	
1	
2	
3	
4	
5	
6	
7	
8	

Health Goals:

MUST GET THIS DONE!

Inspiration for today:

Saturday

February 1st, 2020

6 am	
7	
8	
9	
10	
11	
12 pm	
1	
2	
3	
4	
5	
6	
7	
8	

Health Goals:

MUST GET THIS DONE!

Inspiration for today:

Sunday

February 2nd, 2020

6 am	
7	
8	
9	
10	
11	
12 pm	
1	
2	
3	
4	
5	
6	
7	
8	

Health Goals:

MUST GET THIS DONE!

Inspiration for today:

Monday

February 3rd, 2020

6 am	
7	
8	
9	
10	
11	
12 pm	
1	
2	
3	
4	
5	
6	
7	
8	

Health Goals:

MUST GET THIS DONE!

Inspiration for today:

Tuesday

February 4th, 2020

6 am	
7	
8	
9	
10	
11	
12 pm	
1	
2	
3	
4	
5	
6	
7	
8	

Health Goals:

MUST GET THIS DONE!

Inspiration for today:

Wednesday

February 5th, 2020

Time	
6 am	
7	
8	
9	
10	
11	
12 pm	
1	
2	
3	
4	
5	
6	
7	
8	

Health Goals:

MUST GET THIS DONE!

Inspiration for today:

Thursday

February 6th, 2020

6 am

7

8

9

10

11

12 pm

1

2

3

4

5

6

7

8

Inspiration for today:

Health Goals:

MUST GET THIS DONE!

Friday

February 7th, 2020

6 am

7

8

9

10

11

12 pm

1

2

3

4

5

6

7

8

Health Goals:

MUST GET THIS DONE!

Inspiration for today:

Saturday

February 8th, 2020

6 am	
7	
8	
9	
10	
11	
12 pm	
1	
2	
3	
4	
5	
6	
7	
8	

Health Goals:

MUST GET THIS DONE!

Inspiration for today:

Sunday

February 9th, 2020

6 am	
7	
8	
9	
10	
11	
12 pm	
1	
2	
3	
4	
5	
6	
7	
8	

Health Goals:

MUST GET THIS DONE!

Inspiration for today:

Monday

February 10th, 2020

6 am	
7	
8	
9	
10	
11	
12 pm	
1	
2	
3	
4	
5	
6	
7	
8	

Health Goals:

MUST GET THIS DONE!

Inspiration for today:

Tuesday

February 11th, 2020

6 am	
7	
8	
9	
10	
11	
12 pm	
1	
2	
3	
4	
5	
6	
7	
8	

Health Goals:

MUST GET THIS DONE!

Inspiration for today:

Wednesday

February 12th, 2020

6 am	
7	
8	
9	
10	
11	
12 pm	
1	
2	
3	
4	
5	
6	
7	
8	

Health Goals:

_____
_____
_____
_____
_____

MUST GET THIS DONE!

_____
_____
_____
_____
_____
_____
_____
_____

Inspiration for today:

_____
_____
_____
_____

Thursday

February 13th, 2020

6 am

7

8

9

10

11

12 pm

1

2

3

4

5

6

7

8

Health Goals:

MUST GET THIS DONE!

Inspiration for today:

Friday

February 14th, 2020

6 am	
7	
8	
9	
10	
11	
12 pm	
1	
2	
3	
4	
5	
6	
7	
8	

Health Goals:

MUST GET THIS DONE!

Inspiration for today:

Saturday

February 15th, 2020

6 am	
7	
8	**Health Goals:**
9	
10	
11	
12 pm	
1	**MUST GET THIS DONE!**
2	
3	
4	
5	
6	
7	
8	

Inspiration for today:

Sunday

February 16th, 2020

6 am	
7	
8	
9	
10	
11	
12 pm	
1	
2	
3	
4	
5	
6	
7	
8	

Health Goals:

MUST GET THIS DONE!

Inspiration for today:

Monday

February 17th, 2020

6 am

7

8

9

10

11

12 pm

1

2

3

4

5

6

7

8

Inspiration for today:

Health Goals:

MUST GET THIS DONE!

Tuesday

February 18th, 2020

6 am	
7	
8	
9	
10	
11	
12 pm	
1	
2	
3	
4	
5	
6	
7	
8	

Health Goals:

MUST GET THIS DONE!

Inspiration for today:

Wednesday

February 19th, 2020

6 am	
7	
8	**Health Goals:**
9	
10	
11	
12 pm	
1	**MUST GET THIS DONE!**
2	
3	
4	
5	
6	
7	
8	

Inspiration for today:

Thursday

February 20th, 2020

6 am	
7	
8	
9	
10	
11	
12 pm	
1	
2	
3	
4	
5	
6	
7	
8	

Health Goals:

MUST GET THIS DONE!

Inspiration for today:

Friday

February 21st, 2020

Time	
6 am	
7	
8	
9	
10	
11	
12 pm	
1	
2	
3	
4	
5	
6	
7	
8	

Health Goals:

MUST GET THIS DONE!

Inspiration for today:

Saturday

February 22nd, 2020

Time	
6 am	
7	
8	
9	
10	
11	
12 pm	
1	
2	
3	
4	
5	
6	
7	
8	

Health Goals:

MUST GET THIS DONE!

Inspiration for today:

Sunday

February 23rd, 2020

6 am	
7	
8	
9	
10	
11	
12 pm	
1	
2	
3	
4	
5	
6	
7	
8	

Health Goals:

MUST GET THIS DONE!

Inspiration for today:

Monday

February 24th, 2020

6 am	
7	
8	
9	
10	
11	
12 pm	
1	
2	
3	
4	
5	
6	
7	
8	

Health Goals:

MUST GET THIS DONE!

Inspiration for today:

Tuesday

February 25th, 2020

6 am	
7	
8	
9	
10	
11	
12 pm	
1	
2	
3	
4	
5	
6	
7	
8	

Health Goals:

MUST GET THIS DONE!

Inspiration for today:

Wednesday

February 26th, 2020

6 am	
7	
8	
9	
10	
11	
12 pm	
1	
2	
3	
4	
5	
6	
7	
8	

Health Goals:

MUST GET THIS DONE!

Inspiration for today:

Thursday

February 27th, 2020

6 am	
7	
8	
9	
10	
11	
12 pm	
1	
2	
3	
4	
5	
6	
7	
8	

Health Goals:

MUST GET THIS DONE!

Inspiration for today:

Friday

February 28th, 2020

Time	
6 am	
7	
8	
9	
10	
11	
12 pm	
1	
2	
3	
4	
5	
6	
7	
8	

Health Goals:

_____

_____

_____

_____

_____

MUST GET THIS DONE!

_____

_____

_____

_____

_____

_____

_____

_____

_____

Inspiration for today:

Saturday

February 29th, 2020

6 am	
7	
8	
9	
10	
11	
12 pm	
1	
2	
3	
4	
5	
6	
7	
8	

Health Goals:

MUST GET THIS DONE!

Inspiration for today:

Sunday

March 1st, 2020

6 am

7

8

9

10

11

12 pm

1

2

3

4

5

6

7

8

Health Goals:

MUST GET THIS DONE!

Inspiration for today:

Monday

March 2nd, 2020

6 am	
7	
8	
9	
10	
11	
12 pm	
1	
2	
3	
4	
5	
6	
7	
8	

Health Goals:

_____

_____

_____

_____

_____

MUST GET THIS DONE!

_____

_____

_____

_____

_____

_____

_____

_____

Inspiration for today:

_____

_____

_____

_____

Tuesday

March 3rd, 2020

6 am	
7	
8	
9	
10	
11	
12 pm	
1	
2	
3	
4	
5	
6	
7	
8	

Health Goals:

MUST GET THIS DONE!

Inspiration for today:

Wednesday

March 4th, 2020

6 am

7

8

9

10

11

12 pm

1

2

3

4

5

6

7

8

Health Goals:

MUST GET THIS DONE!

Inspiration for today:

Thursday

March 5th, 2020

6 am	
7	
8	
9	
10	
11	
12 pm	
1	
2	
3	
4	
5	
6	
7	
8	

Health Goals:

MUST GET THIS DONE!

Inspiration for today:

Friday

March 6th, 2020

6 am

7

8

9

10

11

12 pm

1

2

3

4

5

6

7

8

Health Goals:

MUST GET THIS DONE!

Inspiration for today:

Saturday

March 7th, 2020

6 am

7

8

9

10

11

12 pm

1

2

3

4

5

6

7

8

Health Goals:

MUST GET THIS DONE!

Inspiration for today:

Sunday

March 8th, 2020

6 am	
7	
8	
9	
10	
11	
12 pm	
1	
2	
3	
4	
5	
6	
7	
8	

Health Goals:

MUST GET THIS DONE!

Inspiration for today:

Monday

March 9th, 2020

Time	
6 am	
7	
8	
9	
10	
11	
12 pm	
1	
2	
3	
4	
5	
6	
7	
8	

Health Goals:

MUST GET THIS DONE!

Inspiration for today:

Tuesday

March 10th, 2020

6 am	
7	
8	
9	
10	
11	
12 pm	
1	
2	
3	
4	
5	
6	
7	
8	

Health Goals:

MUST GET THIS DONE!

Inspiration for today:

Wednesday

March 11th, 2020

6 am

7

8

9

10

11

12 pm

1

2

3

4

5

6

7

8

Health Goals:

MUST GET THIS DONE!

Inspiration for today:

Thursday

March 12th, 2020

6 am	
7	
8	
9	
10	
11	
12 pm	
1	
2	
3	
4	
5	
6	
7	
8	

Health Goals:

MUST GET THIS DONE!

Inspiration for today:

Friday

March 13th, 2020

6 am	
7	
8	
9	
10	
11	
12 pm	
1	
2	
3	
4	
5	
6	
7	
8	

Health Goals:

MUST GET THIS DONE!

Inspiration for today:

Saturday

March 14th, 2020

6 am	
7	
8	
9	
10	
11	
12 pm	
1	
2	
3	
4	
5	
6	
7	
8	

Health Goals:

_____

_____

_____

_____

_____

MUST GET THIS DONE!

_____

_____

_____

_____

_____

_____

_____

_____

Inspiration for today:

_____

_____

_____

_____

Sunday

March 15th, 2020

6 am	
7	Health Goals:
8	
9	
10	
11	
12 pm	
1	MUST GET THIS DONE!
2	
3	
4	
5	
6	
7	
8	

Inspiration for today:

Monday

March 16th, 2020

Time	
6 am	
7	
8	
9	
10	
11	
12 pm	
1	
2	
3	
4	
5	
6	
7	
8	

Health Goals:

MUST GET THIS DONE!

Inspiration for today:

Tuesday

March 17th, 2020

6 am	
7	
8	
9	
10	
11	
12 pm	
1	
2	
3	
4	
5	
6	
7	
8	

Health Goals:

MUST GET THIS DONE!

Inspiration for today:

Wednesday

March 18th, 2020

6 am	
7	
8	**Health Goals:**
9	
10	
11	
12 pm	
1	**MUST GET THIS DONE!**
2	
3	
4	
5	
6	
7	
8	

Inspiration for today:

Thursday

March 19th, 2020

6 am	
7	
8	
9	
10	
11	
12 pm	
1	
2	
3	
4	
5	
6	
7	
8	

Health Goals:

MUST GET THIS DONE!

Inspiration for today:

Friday

March 20th, 2020

6 am	
7	
8	
9	
10	
11	
12 pm	
1	
2	
3	
4	
5	
6	
7	
8	

Health Goals:

_____

_____

_____

_____

MUST GET THIS DONE!

_____

_____

_____

_____

_____

_____

_____

_____

Inspiration for today:

_____

_____

_____

Saturday

March 21st, 2020

6 am	
7	
8	
9	
10	
11	
12 pm	
1	
2	
3	
4	
5	
6	
7	
8	

Health Goals:

MUST GET THIS DONE!

Inspiration for today:

Sunday

March 22nd, 2020

6 am

7

8

9

10

11

12 pm

1

2

3

4

5

6

7

8

Health Goals:

MUST GET THIS DONE!

Inspiration for today:

Monday

March 23rd, 2020

6 am	
7	
8	
9	
10	
11	
12 pm	
1	
2	
3	
4	
5	
6	
7	
8	

Health Goals:

MUST GET THIS DONE!

Inspiration for today:

Tuesday

March 24th, 2020

6 am	
7	
8	
9	
10	
11	
12 pm	
1	
2	
3	
4	
5	
6	
7	
8	

Health Goals:

MUST GET THIS DONE!

Inspiration for today:

Wednesday

March 25th, 2020

6 am

7

8

9

10

11

12 pm

1

2

3

4

5

6

7

8

Health Goals:

MUST GET THIS DONE!

Inspiration for today:

Thursday

March 26th, 2020

6 am

7

8

9

10

11

12 pm

1

2

3

4

5

6

7

8

Health Goals:

MUST GET THIS DONE!

Inspiration for today:

Friday

March 27th, 2020

6 am	
7	
8	
9	
10	
11	
12 pm	
1	
2	
3	
4	
5	
6	
7	
8	

Health Goals:

MUST GET THIS DONE!

Inspiration for today:

Saturday

March 28th, 2020

6 am

7

8

9

10

11

12 pm

1

2

3

4

5

6

7

8

Health Goals:

MUST GET THIS DONE!

Inspiration for today:

Sunday

March 29th, 2020

6 am	Health Goals:
7	
8	
9	
10	
11	
12 pm	
1	MUST GET THIS DONE!
2	
3	
4	
5	
6	
7	
8	

Inspiration for today:

Monday

March 30th, 2020

6 am	
7	
8	
9	
10	
11	
12 pm	
1	
2	
3	
4	
5	
6	
7	
8	

Health Goals:

MUST GET THIS DONE!

Inspiration for today:

Tuesday

March 31st, 2020

6 am	
7	
8	
9	
10	
11	
12 pm	
1	
2	
3	
4	
5	
6	
7	
8	

Health Goals:

MUST GET THIS DONE!

Inspiration for today:

Wednesday

April 1st, 2020

6 am	
7	**Health Goals:**
8	
9	
10	
11	
12 pm	
1	**MUST GET THIS DONE!**
2	
3	
4	
5	
6	
7	
8	

Inspiration for today:

Thursday

April 2nd, 2020

6 am	
7	Health Goals:
8	
9	
10	
11	
12 pm	
1	MUST GET THIS DONE!
2	
3	
4	
5	
6	
7	
8	

Inspiration for today:

Friday

April 3rd, 2020

6 am	
7	
8	
9	
10	
11	
12 pm	
1	
2	
3	
4	
5	
6	
7	
8	

Health Goals:

MUST GET THIS DONE!

Inspiration for today:

Saturday

April 4th, 2020

6 am	
7	
8	
9	
10	
11	
12 pm	
1	
2	
3	
4	
5	
6	
7	
8	

Health Goals:

MUST GET THIS DONE!

Inspiration for today:

Sunday

April 5th, 2020

6 am	
7	
8	
9	
10	
11	
12 pm	
1	
2	
3	
4	
5	
6	
7	
8	

Health Goals:

MUST GET THIS DONE!

Inspiration for today:

Monday

April 6th, 2020

6 am	
7	
8	
9	
10	
11	
12 pm	
1	
2	
3	
4	
5	
6	
7	
8	

Health Goals:

_____

_____

_____

_____

_____

MUST GET THIS DONE!

_____

_____

_____

_____

_____

_____

_____

_____

Inspiration for today:

_____

_____

_____

Tuesday

April 7th, 2020

6 am	
7	**Health Goals:**
8	
9	
10	
11	
12 pm	
1	**MUST GET THIS DONE!**
2	
3	
4	
5	
6	
7	
8	

Inspiration for today:

Wednesday

April 8th, 2020

6 am	
7	
8	
9	
10	
11	
12 pm	
1	
2	
3	
4	
5	
6	
7	
8	

Health Goals:

MUST GET THIS DONE!

Inspiration for today:

Thursday

April 9th, 2020

6 am	
7	
8	
9	
10	
11	
12 pm	
1	
2	
3	
4	
5	
6	
7	
8	

Health Goals:

MUST GET THIS DONE!

Inspiration for today:

Friday

April 10th, 2020

6 am	
7	
8	
9	
10	
11	
12 pm	
1	
2	
3	
4	
5	
6	
7	
8	

Health Goals:

MUST GET THIS DONE!

Inspiration for today:

Saturday

April 11th, 2020

6 am	
7	
8	
9	
10	
11	
12 pm	
1	
2	
3	
4	
5	
6	
7	
8	

Health Goals:

MUST GET THIS DONE!

Inspiration for today:

Sunday

April 12th, 2020

6 am	
7	
8	
9	
10	
11	
12 pm	
1	
2	
3	
4	
5	
6	
7	
8	

Health Goals:

MUST GET THIS DONE!

Inspiration for today:

Monday

April 13th, 2020

6 am

7

8

9

10

11

12 pm

1

2

3

4

5

6

7

8

Inspiration for today:

Health Goals:

MUST GET THIS DONE!

Tuesday

April 14th, 2020

6 am	
7	
8	
9	
10	
11	
12 pm	
1	
2	
3	
4	
5	
6	
7	
8	

Health Goals:

MUST GET THIS DONE!

Inspiration for today:

Wednesday

April 15th, 2020

6 am	
7	
8	
9	
10	
11	
12 pm	
1	
2	
3	
4	
5	
6	
7	
8	

Health Goals:

MUST GET THIS DONE!

Inspiration for today:

Thursday

April 16th, 2020

6 am	
7	
8	
9	
10	
11	
12 pm	
1	
2	
3	
4	
5	
6	
7	
8	

Health Goals:

MUST GET THIS DONE!

Inspiration for today:

Friday

April 17th, 2020

6 am	
7	
8	
9	
10	
11	
12 pm	
1	
2	
3	
4	
5	
6	
7	
8	

Health Goals:

MUST GET THIS DONE!

Inspiration for today:

Saturday

April 18th, 2020

Time	
6 am	
7	
8	
9	
10	
11	
12 pm	
1	
2	
3	
4	
5	
6	
7	
8	

Health Goals:

MUST GET THIS DONE!

Inspiration for today:

Sunday

April 19th, 2020

6 am	
7	
8	
9	
10	
11	
12 pm	
1	
2	
3	
4	
5	
6	
7	
8	

Health Goals:

_____
_____
_____
_____
_____

MUST GET THIS DONE!

_____
_____
_____
_____
_____
_____
_____
_____

Inspiration for today:

_____
_____
_____
_____

Monday

April 20th, 2020

6 am	
7	
8	
9	
10	
11	
12 pm	
1	
2	
3	
4	
5	
6	
7	
8	

Health Goals:

MUST GET THIS DONE!

Inspiration for today:

Tuesday

April 21st, 2020

Time	
6 am	
7	
8	
9	
10	
11	
12 pm	
1	
2	
3	
4	
5	
6	
7	
8	

Health Goals:

MUST GET THIS DONE!

Inspiration for today:

Wednesday

April 22nd, 2020

6 am	
7	
8	
9	
10	
11	
12 pm	
1	
2	
3	
4	
5	
6	
7	
8	

Health Goals:

MUST GET THIS DONE!

Inspiration for today:

Thursday

April 23rd, 2020

6 am	
7	
8	
9	
10	
11	
12 pm	
1	
2	
3	
4	
5	
6	
7	
8	

Health Goals:

MUST GET THIS DONE!

Inspiration for today:

Friday

April 24th, 2020

6 am

7

8

9

10

11

12 pm

1

2

3

4

5

6

7

8

Health Goals:

MUST GET THIS DONE!

Inspiration for today:

Saturday

April 25th, 2020

6 am	
7	Health Goals:
8	
9	
10	
11	
12 pm	
1	MUST GET THIS DONE!
2	
3	
4	
5	
6	
7	
8	

Inspiration for today:

Sunday

April 26th, 2020

6 am	
7	
8	
9	
10	
11	
12 pm	
1	
2	
3	
4	
5	
6	
7	
8	

Health Goals:

MUST GET THIS DONE!

Inspiration for today:

Monday

April 27th, 2020

Time	
6 am	
7	
8	
9	
10	
11	
12 pm	
1	
2	
3	
4	
5	
6	
7	
8	

Health Goals:

MUST GET THIS DONE!

Inspiration for today:

Tuesday

April 28th, 2020

6 am	
7	
8	
9	
10	
11	
12 pm	
1	
2	
3	
4	
5	
6	
7	
8	

Health Goals:

MUST GET THIS DONE!

Inspiration for today:

Wednesday

April 29th, 2020

6 am	
7	
8	
9	
10	
11	
12 pm	
1	
2	
3	
4	
5	
6	
7	
8	

Health Goals:

MUST GET THIS DONE!

Inspiration for today:

Thursday

April 30th, 2020

6 am	
7	
8	
9	
10	
11	
12 pm	
1	
2	
3	
4	
5	
6	
7	
8	

Health Goals:

MUST GET THIS DONE!

Inspiration for today:

Friday

May 1st, 2020

6 am	
7	
8	
9	
10	
11	
12 pm	
1	
2	
3	
4	
5	
6	
7	
8	

Health Goals:

MUST GET THIS DONE!

Inspiration for today:

Saturday

May 2nd, 2020

6 am	
7	
8	
9	
10	
11	
12 pm	
1	
2	
3	
4	
5	
6	
7	
8	

Health Goals:

MUST GET THIS DONE!

Inspiration for today:

Sunday

May 3rd, 2020

6 am	
7	
8	
9	
10	
11	
12 pm	
1	
2	
3	
4	
5	
6	
7	
8	

Health Goals:

MUST GET THIS DONE!

Inspiration for today:

Monday

May 4th, 2020

6 am	
7	
8	
9	
10	
11	
12 pm	
1	
2	
3	
4	
5	
6	
7	
8	

Health Goals:

MUST GET THIS DONE!

Inspiration for today:

Tuesday

May 5th, 2020

6 am	
7	
8	
9	
10	
11	
12 pm	
1	
2	
3	
4	
5	
6	
7	
8	

Health Goals:

MUST GET THIS DONE!

Inspiration for today:

Wednesday

May 6th, 2020

6 am

7

8

9

10

11

12 pm

1

2

3

4

5

6

7

8

Health Goals:

MUST GET THIS DONE!

Inspiration for today:

Thursday

May 7th, 2020

6 am

7

8

9

10

11

12 pm

1

2

3

4

5

6

7

8

Health Goals:

MUST GET THIS DONE!

Inspiration for today:

Friday

May 8th, 2020

6 am	
7	
8	
9	
10	
11	
12 pm	
1	
2	
3	
4	
5	
6	
7	
8	

Health Goals:

_____

_____

_____

_____

_____

MUST GET THIS DONE!

_____

_____

_____

_____

_____

_____

_____

_____

_____

_____

Inspiration for today:

Saturday

May 9th, 2020

Time	
6 am	
7	
8	
9	
10	
11	
12 pm	
1	
2	
3	
4	
5	
6	
7	
8	

Health Goals:

MUST GET THIS DONE!

Inspiration for today:

Sunday

May 10th, 2020

6 am	
7	
8	**Health Goals:**
9	
10	
11	
12 pm	
1	**MUST GET THIS DONE!**
2	
3	
4	
5	
6	
7	
8	

Inspiration for today:

Monday

May 11th, 2020

6 am	
7	
8	
9	
10	
11	
12 pm	
1	
2	
3	
4	
5	
6	
7	
8	

Health Goals:

_____

_____

_____

_____

_____

MUST GET THIS DONE!

_____

_____

_____

_____

_____

_____

_____

_____

_____

Inspiration for today:

_____

_____

_____

_____

Tuesday

May 12th, 2020

Time	
6 am	
7	
8	
9	
10	
11	
12 pm	
1	
2	
3	
4	
5	
6	
7	
8	

Health Goals:

MUST GET THIS DONE!

Inspiration for today:

Wednesday

May 13th, 2020

6 am	
7	
8	
9	
10	
11	
12 pm	
1	
2	
3	
4	
5	
6	
7	
8	

Health Goals:

MUST GET THIS DONE!

Inspiration for today:

Thursday

May 14th, 2020

6 am

7

8

9

10

11

12 pm

1

2

3

4

5

6

7

8

Inspiration for today:

Health Goals:

MUST GET THIS DONE!

Friday

May 15th, 2020

6 am	
7	
8	
9	
10	
11	
12 pm	
1	
2	
3	
4	
5	
6	
7	
8	

Health Goals:

MUST GET THIS DONE!

Inspiration for today:

Saturday

May 16th, 2020

6 am	
7	
8	
9	
10	
11	
12 pm	
1	
2	
3	
4	
5	
6	
7	
8	

Health Goals:

MUST GET THIS DONE!

Inspiration for today:

Sunday

May 17th, 2020

6 am	
7	
8	
9	
10	
11	
12 pm	
1	
2	
3	
4	
5	
6	
7	
8	

Health Goals:

MUST GET THIS DONE!

Inspiration for today:

Monday

May 18th, 2020

Time	
6 am	
7	
8	
9	
10	
11	
12 pm	
1	
2	
3	
4	
5	
6	
7	
8	

Health Goals:

MUST GET THIS DONE!

Inspiration for today:

Tuesday

May 19th, 2020

Time	
6 am	
7	
8	
9	
10	
11	
12 pm	
1	
2	
3	
4	
5	
6	
7	
8	

Health Goals:

MUST GET THIS DONE!

Inspiration for today:

Wednesday

May 20th, 2020

6 am	
7	
8	
9	
10	
11	
12 pm	
1	
2	
3	
4	
5	
6	
7	
8	

Health Goals:

MUST GET THIS DONE!

Inspiration for today:

Thursday

May 21st, 2020

6 am	
7	
8	
9	
10	
11	
12 pm	
1	
2	
3	
4	
5	
6	
7	
8	

Health Goals:

MUST GET THIS DONE!

Inspiration for today:

Friday

May 22nd, 2020

6 am	
7	
8	
9	
10	
11	
12 pm	
1	
2	
3	
4	
5	
6	
7	
8	

Health Goals:

MUST GET THIS DONE!

Inspiration for today:

Saturday

May 23rd, 2020

6 am

7

8

9

10

11

12 pm

1

2

3

4

5

6

7

8

Health Goals:

MUST GET THIS DONE!

Inspiration for today:

Sunday

May 24th, 2020

6 am	
7	
8	**Health Goals:**
9	
10	
11	
12 pm	
1	**MUST GET THIS DONE!**
2	
3	
4	
5	
6	
7	
8	

Inspiration for today:

Monday

May 25th, 2020

6 am

7

8

9

10

11

12 pm

1

2

3

4

5

6

7

8

Health Goals:

MUST GET THIS DONE!

Inspiration for today:

Tuesday

May 26th, 2020

6 am	
7	
8	
9	
10	
11	
12 pm	
1	
2	
3	
4	
5	
6	
7	
8	

Health Goals:

MUST GET THIS DONE!

Inspiration for today:

Wednesday

May 27th, 2020

Time	
6 am	
7	
8	
9	
10	
11	
12 pm	
1	
2	
3	
4	
5	
6	
7	
8	

Health Goals:

MUST GET THIS DONE!

Inspiration for today:

Thursday

May 28th, 2020

6 am	
7	
8	
9	
10	
11	
12 pm	
1	
2	
3	
4	
5	
6	
7	
8	

Health Goals:

MUST GET THIS DONE!

Inspiration for today:

Friday

May 29th, 2020

6 am	
7	
8	
9	
10	
11	
12 pm	
1	
2	
3	
4	
5	
6	
7	
8	

Health Goals:

MUST GET THIS DONE!

Inspiration for today:

Saturday

May 30th, 2020

Time	
6 am	
7	
8	
9	
10	
11	
12 pm	
1	
2	
3	
4	
5	
6	
7	
8	

Health Goals:

MUST GET THIS DONE!

Inspiration for today:

Sunday

May 31st, 2020

6 am	
7	
8	
9	
10	
11	
12 pm	
1	
2	
3	
4	
5	
6	
7	
8	

Health Goals:

MUST GET THIS DONE!

Inspiration for today:

Monday

June 1st, 2020

6 am	
7	
8	
9	
10	
11	
12 pm	
1	
2	
3	
4	
5	
6	
7	
8	

Health Goals:

MUST GET THIS DONE!

Inspiration for today:

Tuesday

June 2nd, 2020

Time	
6 am	
7	
8	
9	
10	
11	
12 pm	
1	
2	
3	
4	
5	
6	
7	
8	

Health Goals:

MUST GET THIS DONE!

Inspiration for today:

Wednesday

June 3rd, 2020

6 am	
7	
8	
9	
10	
11	
12 pm	
1	
2	
3	
4	
5	
6	
7	
8	

Health Goals:

MUST GET THIS DONE!

Inspiration for today:

Thursday

June 4th, 2020

6 am	
7	
8	
9	
10	
11	
12 pm	
1	
2	
3	
4	
5	
6	
7	
8	

Health Goals:

MUST GET THIS DONE!

Inspiration for today:

Friday

June 5th, 2020

6 am	
7	
8	
9	
10	
11	
12 pm	
1	
2	
3	
4	
5	
6	
7	
8	

Health Goals:

MUST GET THIS DONE!

Inspiration for today:

Saturday

June 6th, 2020

6 am	
7	
8	
9	
10	
11	
12 pm	
1	
2	
3	
4	
5	
6	
7	
8	

Health Goals:

MUST GET THIS DONE!

Inspiration for today:

Sunday

June 7th, 2020

6 am	
7	
8	
9	
10	
11	
12 pm	
1	
2	
3	
4	
5	
6	
7	
8	

Health Goals:

MUST GET THIS DONE!

Inspiration for today:

Monday

June 8th, 2020

Time	
6 am	
7	
8	
9	
10	
11	
12 pm	
1	
2	
3	
4	
5	
6	
7	
8	

Health Goals:

MUST GET THIS DONE!

Inspiration for today:

Tuesday

June 9th, 2020

6 am	
7	
8	
9	
10	
11	
12 pm	
1	
2	
3	
4	
5	
6	
7	
8	

Health Goals:

MUST GET THIS DONE!

Inspiration for today:

Wednesday

June 10th, 2020

6 am	
7	
8	**Health Goals:**
9	
10	
11	
12 pm	
1	**MUST GET THIS DONE!**
2	
3	
4	
5	
6	
7	
8	

Inspiration for today:

Thursday

June 11th, 2020

6 am	
7	
8	
9	
10	
11	
12 pm	
1	
2	
3	
4	
5	
6	
7	
8	

Health Goals:

MUST GET THIS DONE!

Inspiration for today:

Friday

June 12th, 2020

6 am	
7	
8	
9	
10	
11	
12 pm	
1	
2	
3	
4	
5	
6	
7	
8	

Health Goals:

MUST GET THIS DONE!

Inspiration for today:

Saturday

June 13th, 2020

6 am	
7	
8	
9	
10	
11	
12 pm	
1	
2	
3	
4	
5	
6	
7	
8	

Health Goals:

MUST GET THIS DONE!

Inspiration for today:

Sunday

June 14th, 2020

Time	
6 am	
7	
8	
9	
10	
11	
12 pm	
1	
2	
3	
4	
5	
6	
7	
8	

Health Goals:

MUST GET THIS DONE!

Inspiration for today:

Monday

June 15th, 2020

6 am	
7	
8	
9	
10	
11	
12 pm	
1	
2	
3	
4	
5	
6	
7	
8	

Health Goals:

MUST GET THIS DONE!

Inspiration for today:

Tuesday

June 16th, 2020

6 am	
7	
8	
9	
10	
11	
12 pm	
1	
2	
3	
4	
5	
6	
7	
8	

Health Goals:

MUST GET THIS DONE!

Inspiration for today:

Wednesday

June 17th, 2020

6 am

7

8

9

10

11

12 pm

1

2

3

4

5

6

7

8

Health Goals:

MUST GET THIS DONE!

Inspiration for today:

Thursday

June 18th, 2020

6 am	Health Goals:
7	
8	
9	
10	
11	
12 pm	
1	MUST GET THIS DONE!
2	
3	
4	
5	
6	
7	
8	

Inspiration for today:

Friday

June 19th, 2020

6 am	
7	
8	
9	
10	
11	
12 pm	
1	
2	
3	
4	
5	
6	
7	
8	

Health Goals:

MUST GET THIS DONE!

Inspiration for today:

Saturday

June 20th, 2020

Time	
6 am	
7	
8	
9	
10	
11	
12 pm	
1	
2	
3	
4	
5	
6	
7	
8	

Health Goals:

MUST GET THIS DONE!

Inspiration for today:

Sunday

June 21st, 2020

6 am	
7	
8	
9	
10	
11	
12 pm	
1	
2	
3	
4	
5	
6	
7	
8	

Health Goals:

MUST GET THIS DONE!

Inspiration for today:

Monday

June 22nd, 2020

6 am	
7	
8	
9	
10	
11	
12 pm	
1	
2	
3	
4	
5	
6	
7	
8	

Health Goals:

MUST GET THIS DONE!

Inspiration for today:

Tuesday

June 23rd, 2020

6 am

7

8

9

10

11

12 pm

1

2

3

4

5

6

7

8

Health Goals:

MUST GET THIS DONE!

Inspiration for today:

Wednesday

June 24th, 2020

Time	
6 am	
7	
8	
9	
10	
11	
12 pm	
1	
2	
3	
4	
5	
6	
7	
8	

Health Goals:

MUST GET THIS DONE!

Inspiration for today:

Thursday

June 25th, 2020

6 am

7

8

9

10

11

12 pm

1

2

3

4

5

6

7

8

Inspiration for today:

Health Goals:

MUST GET THIS DONE!

Friday

June 26th, 2020

6 am	
7	
8	
9	
10	
11	
12 pm	
1	
2	
3	
4	
5	
6	
7	
8	

Health Goals:

MUST GET THIS DONE!

Inspiration for today:

Saturday

June 27th, 2020

6 am	
7	
8	
9	
10	
11	
12 pm	
1	
2	
3	
4	
5	
6	
7	
8	

Health Goals:

MUST GET THIS DONE!

Inspiration for today:

Sunday

June 28th, 2020

6 am	
7	
8	
9	
10	
11	
12 pm	
1	
2	
3	
4	
5	
6	
7	
8	

Health Goals:

MUST GET THIS DONE!

Inspiration for today:

Monday

June 29th, 2020

6 am	
7	
8	
9	
10	
11	
12 pm	
1	
2	
3	
4	
5	
6	
7	
8	

Health Goals:

MUST GET THIS DONE!

Inspiration for today:

Tuesday

June 30th, 2020

6 am	
7	
8	
9	
10	
11	
12 pm	
1	
2	
3	
4	
5	
6	
7	
8	

Health Goals:

MUST GET THIS DONE!

Inspiration for today:

Wednesday

July 1st, 2020

6 am	
7	
8	
9	
10	
11	
12 pm	
1	
2	
3	
4	
5	
6	
7	
8	

Health Goals:

MUST GET THIS DONE!

Inspiration for today:

Thursday

July 2nd, 2020

6 am	
7	
8	
9	
10	
11	
12 pm	
1	
2	
3	
4	
5	
6	
7	
8	

Health Goals:

MUST GET THIS DONE!

Inspiration for today:

Friday

July 3rd, 2020

Time	
6 am	
7	
8	
9	
10	
11	
12 pm	
1	
2	
3	
4	
5	
6	
7	
8	

Health Goals:

MUST GET THIS DONE!

Inspiration for today:

Saturday

July 4th, 2020

6 am	
7	
8	
9	
10	
11	
12 pm	
1	
2	
3	
4	
5	
6	
7	
8	

Health Goals:

MUST GET THIS DONE!

Inspiration for today:

Sunday

July 5th, 2020

6 am

7

8

9

10

11

12 pm

1

2

3

4

5

6

7

8

Health Goals:

MUST GET THIS DONE!

Inspiration for today:

Monday

July 6th, 2020

Time	
6 am	
7	
8	
9	
10	
11	
12 pm	
1	
2	
3	
4	
5	
6	
7	
8	

Health Goals:

MUST GET THIS DONE!

Inspiration for today:

Tuesday

July 7th, 2020

6 am	
7	
8	
9	
10	
11	
12 pm	
1	
2	
3	
4	
5	
6	
7	
8	

Health Goals:

MUST GET THIS DONE!

Inspiration for today:

Wednesday

July 8th, 2020

6 am	
7	
8	
9	
10	
11	
12 pm	
1	
2	
3	
4	
5	
6	
7	
8	

Health Goals:

MUST GET THIS DONE!

Inspiration for today:

Thursday

July 9th, 2020

6 am	
7	
8	
9	
10	
11	
12 pm	
1	
2	
3	
4	
5	
6	
7	
8	

Health Goals:

MUST GET THIS DONE!

Inspiration for today:

Friday

July 10th, 2020

6 am	
7	
8	
9	
10	
11	
12 pm	
1	
2	
3	
4	
5	
6	
7	
8	

Health Goals:

MUST GET THIS DONE!

Inspiration for today:

Saturday

July 11th, 2020

6 am	
7	
8	
9	
10	
11	
12 pm	
1	
2	
3	
4	
5	
6	
7	
8	

Health Goals:

MUST GET THIS DONE!

Inspiration for today:

Sunday

July 12th, 2020

6 am	
7	
8	
9	
10	
11	
12 pm	
1	
2	
3	
4	
5	
6	
7	
8	

Health Goals:

MUST GET THIS DONE!

Inspiration for today:

Monday

July 13th, 2020

Time	
6 am	
7	
8	
9	
10	
11	
12 pm	
1	
2	
3	
4	
5	
6	
7	
8	

Health Goals:

MUST GET THIS DONE!

Inspiration for today:

Tuesday

July 14th, 2020

6 am	
7	
8	**Health Goals:**
9	
10	
11	
12 pm	
1	**MUST GET THIS DONE!**
2	
3	
4	
5	
6	
7	
8	

Inspiration for today:

Wednesday

July 15th, 2020

6 am	
7	
8	
9	
10	
11	
12 pm	
1	
2	
3	
4	
5	
6	
7	
8	

Health Goals:

MUST GET THIS DONE!

Inspiration for today:

Thursday

July 16th, 2020

6 am	
7	
8	
9	
10	
11	
12 pm	
1	
2	
3	
4	
5	
6	
7	
8	

Health Goals:

MUST GET THIS DONE!

Inspiration for today:

Friday

July 17th, 2020

Time	
6 am	
7	
8	
9	
10	
11	
12 pm	
1	
2	
3	
4	
5	
6	
7	
8	

Health Goals:

MUST GET THIS DONE!

Inspiration for today:

Saturday

July 18th, 2020

6 am	
7	
8	
9	
10	
11	
12 pm	
1	
2	
3	
4	
5	
6	
7	
8	

Health Goals:

MUST GET THIS DONE!

Inspiration for today:

Sunday

July 19th, 2020

6 am	
7	
8	
9	
10	
11	
12 pm	
1	
2	
3	
4	
5	
6	
7	
8	

Health Goals:

MUST GET THIS DONE!

Inspiration for today:

Monday

July 20th, 2020

Time	
6 am	
7	
8	
9	
10	
11	
12 pm	
1	
2	
3	
4	
5	
6	
7	
8	

Health Goals:

MUST GET THIS DONE!

Inspiration for today:

Tuesday

July 21st, 2020

6 am	
7	
8	
9	
10	
11	
12 pm	
1	
2	
3	
4	
5	
6	
7	
8	

Health Goals:

_____

_____

_____

_____

_____

MUST GET THIS DONE!

_____

_____

_____

_____

_____

_____

_____

_____

_____

_____

Inspiration for today:

Wednesday

July 22nd, 2020

6 am	
7	
8	
9	
10	
11	
12 pm	
1	
2	
3	
4	
5	
6	
7	
8	

Health Goals:

MUST GET THIS DONE!

Inspiration for today:

Thursday

July 23rd, 2020

6 am	
7	
8	
9	
10	
11	
12 pm	
1	
2	
3	
4	
5	
6	
7	
8	

Health Goals:

MUST GET THIS DONE!

Inspiration for today:

Friday

July 24th, 2020

6 am	
7	
8	
9	
10	
11	
12 pm	
1	
2	
3	
4	
5	
6	
7	
8	

Health Goals:

MUST GET THIS DONE!

Inspiration for today:

Saturday

July 25th, 2020

Time	
6 am	
7	
8	
9	
10	
11	
12 pm	
1	
2	
3	
4	
5	
6	
7	
8	

Health Goals:

MUST GET THIS DONE!

Inspiration for today:

Sunday

July 26th, 2020

6 am	
7	
8	
9	
10	
11	
12 pm	
1	
2	
3	
4	
5	
6	
7	
8	

Health Goals:

MUST GET THIS DONE!

Inspiration for today:

Monday

July 27th, 2020

6 am	
7	
8	
9	
10	
11	
12 pm	
1	
2	
3	
4	
5	
6	
7	
8	

Health Goals:

MUST GET THIS DONE!

Inspiration for today:

Tuesday

July 28th, 2020

6 am	
7	
8	
9	
10	
11	
12 pm	
1	
2	
3	
4	
5	
6	
7	
8	

Health Goals:

MUST GET THIS DONE!

Inspiration for today:

Wednesday

July 29th, 2020

6 am	
7	
8	
9	
10	
11	
12 pm	
1	
2	
3	
4	
5	
6	
7	
8	

Health Goals:

MUST GET THIS DONE!

Inspiration for today:

Thursday

July 30th, 2020

6 am	
7	
8	
9	
10	
11	
12 pm	
1	
2	
3	
4	
5	
6	
7	
8	

Health Goals:

MUST GET THIS DONE!

Inspiration for today:

Friday

July 31st, 2020

6 am	
7	
8	
9	
10	
11	
12 pm	
1	
2	
3	
4	
5	
6	
7	
8	

Health Goals:

MUST GET THIS DONE!

Inspiration for today:

Saturday

August 1st, 2020

6 am	
7	
8	
9	
10	
11	
12 pm	
1	
2	
3	
4	
5	
6	
7	
8	

Health Goals:

MUST GET THIS DONE!

Inspiration for today:

Sunday

August 2nd, 2020

6 am	
7	
8	
9	
10	
11	
12 pm	
1	
2	
3	
4	
5	
6	
7	
8	

Health Goals:

MUST GET THIS DONE!

Inspiration for today:

Monday

August 3rd, 2020

6 am	
7	
8	
9	
10	
11	
12 pm	
1	
2	
3	
4	
5	
6	
7	
8	

Health Goals:

MUST GET THIS DONE!

Inspiration for today:

Tuesday

August 4th, 2020

6 am	
7	
8	
9	
10	
11	
12 pm	
1	
2	
3	
4	
5	
6	
7	
8	

Health Goals:

MUST GET THIS DONE!

Inspiration for today:

Wednesday

August 5th, 2020

6 am	
7	
8	
9	
10	
11	
12 pm	
1	
2	
3	
4	
5	
6	
7	
8	

Health Goals:

MUST GET THIS DONE!

Inspiration for today:

Thursday

August 6th, 2020

Time	
6 am	
7	
8	
9	
10	
11	
12 pm	
1	
2	
3	
4	
5	
6	
7	
8	

Health Goals:

MUST GET THIS DONE!

Inspiration for today:

Friday

August 7th, 2020

6 am

7

8

9

10

11

12 pm

1

2

3

4

5

6

7

8

Health Goals:

MUST GET THIS DONE!

Inspiration for today:

Saturday

August 8th, 2020

6 am	
7	
8	
9	
10	
11	
12 pm	
1	
2	
3	
4	
5	
6	
7	
8	

Health Goals:

MUST GET THIS DONE!

Inspiration for today:

Sunday

August 9th, 2020

6 am	
7	
8	
9	
10	
11	
12 pm	
1	
2	
3	
4	
5	
6	
7	
8	

Health Goals:

_____

_____

_____

_____

_____

MUST GET THIS DONE!

_____

_____

_____

_____

_____

_____

_____

_____

_____

Inspiration for today:

_____

_____

_____

_____

Monday

August 10th, 2020

6 am	
7	
8	
9	
10	
11	
12 pm	
1	
2	
3	
4	
5	
6	
7	
8	

Health Goals:

MUST GET THIS DONE!

Inspiration for today:

Tuesday

August 11th, 2020

6 am	
7	
8	
9	
10	
11	
12 pm	
1	
2	
3	
4	
5	
6	
7	
8	

Health Goals:

MUST GET THIS DONE!

Inspiration for today:

Wednesday

August 12th, 2020

Time	
6 am	
7	
8	
9	
10	
11	
12 pm	
1	
2	
3	
4	
5	
6	
7	
8	

Inspiration for today:

Health Goals:

MUST GET THIS DONE!

Thursday

August 13th, 2020

Time	
6 am	
7	
8	
9	
10	
11	
12 pm	
1	
2	
3	
4	
5	
6	
7	
8	

Inspiration for today:

Health Goals:

MUST GET THIS DONE!

Friday

August 14th, 2020

Time	
6 am	
7	
8	
9	
10	
11	
12 pm	
1	
2	
3	
4	
5	
6	
7	
8	

Health Goals:

MUST GET THIS DONE!

Inspiration for today:

Saturday

August 15th, 2020

6 am	
7	
8	
9	
10	
11	
12 pm	
1	
2	
3	
4	
5	
6	
7	
8	

Health Goals:

MUST GET THIS DONE!

Inspiration for today:

Sunday

August 16th, 2020

6 am	
7	
8	
9	
10	
11	
12 pm	
1	
2	
3	
4	
5	
6	
7	
8	

Health Goals:

MUST GET THIS DONE!

Inspiration for today:

Monday

August 17th, 2020

Time	
6 am	
7	
8	
9	
10	
11	
12 pm	
1	
2	
3	
4	
5	
6	
7	
8	

Health Goals:

MUST GET THIS DONE!

Inspiration for today:

Tuesday

August 18th, 2020

6 am	
7	
8	
9	
10	
11	
12 pm	
1	
2	
3	
4	
5	
6	
7	
8	

Health Goals:

MUST GET THIS DONE!

Inspiration for today:

Wednesday

August 19th, 2020

6 am	
7	
8	
9	
10	
11	
12 pm	
1	
2	
3	
4	
5	
6	
7	
8	

Health Goals:

MUST GET THIS DONE!

Inspiration for today:

Thursday

August 20th, 2020

6 am	
7	
8	
9	
10	
11	
12 pm	
1	
2	
3	
4	
5	
6	
7	
8	

Health Goals:

MUST GET THIS DONE!

Inspiration for today:

Friday

August 21st, 2020

6 am	
7	
8	
9	
10	
11	
12 pm	
1	
2	
3	
4	
5	
6	
7	
8	

Health Goals:

MUST GET THIS DONE!

Inspiration for today:

Saturday

August 22nd, 2020

Time		
6 am		
7		
8		
9		
10		
11		
12 pm		
1		
2		
3		
4		
5		
6		
7		
8		

Health Goals:

MUST GET THIS DONE!

Inspiration for today:

Sunday

August 23rd, 2020

Time	
6 am	
7	
8	
9	
10	
11	
12 pm	
1	
2	
3	
4	
5	
6	
7	
8	

Health Goals:

MUST GET THIS DONE!

Inspiration for today:

Monday

August 24th, 2020

Time	
6 am	
7	
8	
9	
10	
11	
12 pm	
1	
2	
3	
4	
5	
6	
7	
8	

Health Goals:

MUST GET THIS DONE!

Inspiration for today:

Tuesday

August 25th, 2020

6 am	
7	
8	
9	
10	
11	
12 pm	
1	
2	
3	
4	
5	
6	
7	
8	

Health Goals:

MUST GET THIS DONE!

Inspiration for today:

Wednesday

August 26th, 2020

6 am

7

8

9

10

11

12 pm

1

2

3

4

5

6

7

8

Health Goals:

MUST GET THIS DONE!

Inspiration for today:

Thursday

August 27th, 2020

6 am	
7	
8	
9	
10	
11	
12 pm	
1	
2	
3	
4	
5	
6	
7	
8	

Health Goals:

MUST GET THIS DONE!

Inspiration for today:

Friday

August 28th, 2020

6 am	
7	
8	
9	
10	
11	
12 pm	
1	
2	
3	
4	
5	
6	
7	
8	

Health Goals:

MUST GET THIS DONE!

Inspiration for today:

Saturday

August 29th, 2020

6 am	
7	
8	
9	
10	
11	
12 pm	
1	
2	
3	
4	
5	
6	
7	
8	

Health Goals:

MUST GET THIS DONE!

Inspiration for today:

Sunday

August 30th, 2020

6 am	
7	
8	
9	
10	
11	
12 pm	
1	
2	
3	
4	
5	
6	
7	
8	

Health Goals:

MUST GET THIS DONE!

Inspiration for today:

Monday

August 31st, 2020

6 am	
7	
8	
9	
10	
11	
12 pm	
1	
2	
3	
4	
5	
6	
7	
8	

Health Goals:

MUST GET THIS DONE!

Inspiration for today:

Tuesday

September 1st, 2020

Time	
6 am	
7	
8	
9	
10	
11	
12 pm	
1	
2	
3	
4	
5	
6	
7	
8	

Health Goals:

_____

_____

_____

_____

_____

MUST GET THIS DONE!

_____

_____

_____

_____

_____

_____

_____

_____

_____

Inspiration for today:

Wednesday

September 2nd, 2020

6 am	
7	
8	
9	
10	
11	
12 pm	
1	
2	
3	
4	
5	
6	
7	
8	

Health Goals:

MUST GET THIS DONE!

Inspiration for today:

Thursday

September 3rd, 2020

Time	
6 am	
7	
8	
9	
10	
11	
12 pm	
1	
2	
3	
4	
5	
6	
7	
8	

Health Goals:

MUST GET THIS DONE!

Inspiration for today:

Friday

September 4th, 2020

6 am	
7	
8	
9	
10	
11	
12 pm	
1	
2	
3	
4	
5	
6	
7	
8	

Health Goals:

MUST GET THIS DONE!

Inspiration for today:

Saturday

September 5th, 2020

6 am	
7	
8	
9	
10	
11	
12 pm	
1	
2	
3	
4	
5	
6	
7	
8	

Health Goals:

MUST GET THIS DONE!

Inspiration for today:

Sunday

September 6th, 2020

6 am	
7	
8	
9	
10	
11	
12 pm	
1	
2	
3	
4	
5	
6	
7	
8	

Health Goals:

MUST GET THIS DONE!

Inspiration for today:

Monday

September 7th, 2020

6 am	
7	
8	
9	
10	
11	
12 pm	
1	
2	
3	
4	
5	
6	
7	
8	

Health Goals:

MUST GET THIS DONE!

Inspiration for today:

Tuesday

September 8th, 2020

6 am	
7	
8	
9	
10	
11	
12 pm	
1	
2	
3	
4	
5	
6	
7	
8	

Health Goals:

MUST GET THIS DONE!

Inspiration for today:

Wednesday

September 9th, 2020

6 am

7

8

9

10

11

12 pm

1

2

3

4

5

6

7

8

Health Goals:

MUST GET THIS DONE!

Inspiration for today:

Thursday

September 10th, 2020

6 am	
7	
8	
9	
10	
11	
12 pm	
1	
2	
3	
4	
5	
6	
7	
8	

Health Goals:

MUST GET THIS DONE!

Inspiration for today:

Friday

September 11th, 2020

Time	
6 am	
7	
8	
9	
10	
11	
12 pm	
1	
2	
3	
4	
5	
6	
7	
8	

Health Goals:

MUST GET THIS DONE!

Inspiration for today:

Saturday

September 12th, 2020

6 am	
7	
8	
9	
10	
11	
12 pm	
1	
2	
3	
4	
5	
6	
7	
8	

Health Goals:

MUST GET THIS DONE!

Inspiration for today:

Sunday

September 13th, 2020

6 am	
7	
8	
9	
10	
11	
12 pm	
1	
2	
3	
4	
5	
6	
7	
8	

Health Goals:

MUST GET THIS DONE!

Inspiration for today:

Monday

September 14th, 2020

6 am	
7	
8	
9	
10	
11	
12 pm	
1	
2	
3	
4	
5	
6	
7	
8	

Health Goals:

MUST GET THIS DONE!

Inspiration for today:

Tuesday

September 15th, 2020

6 am	
7	
8	
9	
10	
11	
12 pm	
1	
2	
3	
4	
5	
6	
7	
8	

Health Goals:

MUST GET THIS DONE!

Inspiration for today:

Wednesday

September 16th, 2020

6 am

7

8

9

10

11

12 pm

1

2

3

4

5

6

7

8

Health Goals:

MUST GET THIS DONE!

Inspiration for today:

Thursday

September 17th, 2020

6 am	
7	
8	
9	
10	
11	
12 pm	
1	
2	
3	
4	
5	
6	
7	
8	

Health Goals:

MUST GET THIS DONE!

Inspiration for today:

Friday

September 18th, 2020

Time	
6 am	
7	
8	
9	
10	
11	
12 pm	
1	
2	
3	
4	
5	
6	
7	
8	

Health Goals:

MUST GET THIS DONE!

Inspiration for today:

Saturday

September 19th, 2020

6 am	
7	
8	
9	
10	
11	
12 pm	
1	
2	
3	
4	
5	
6	
7	
8	

Health Goals:

MUST GET THIS DONE!

Inspiration for today:

Sunday

September 20th, 2020

Time	
6 am	
7	
8	
9	
10	
11	
12 pm	
1	
2	
3	
4	
5	
6	
7	
8	

Health Goals:

MUST GET THIS DONE!

Inspiration for today:

Monday

September 21st, 2020

6 am	
7	
8	Health Goals:
9	
10	
11	
12 pm	
1	MUST GET THIS DONE!
2	
3	
4	
5	
6	
7	
8	

Inspiration for today:

Tuesday

September 22nd, 2020

6 am	
7	
8	
9	
10	
11	
12 pm	
1	
2	
3	
4	
5	
6	
7	
8	

Health Goals:

MUST GET THIS DONE!

Inspiration for today:

Wednesday

September 23rd, 2020

Time	
6 am	
7	
8	
9	
10	
11	
12 pm	
1	
2	
3	
4	
5	
6	
7	
8	

Health Goals:

MUST GET THIS DONE!

Inspiration for today:

Thursday

September 24th, 2020

6 am	
7	
8	
9	
10	
11	
12 pm	
1	
2	
3	
4	
5	
6	
7	
8	

Health Goals:

MUST GET THIS DONE!

Inspiration for today:

Friday

September 25th, 2020

6 am	
7	
8	
9	
10	
11	
12 pm	
1	
2	
3	
4	
5	
6	
7	
8	

Health Goals:

MUST GET THIS DONE!

Inspiration for today:

Saturday

September 26th, 2020

6 am	
7	**Health Goals:**
8	
9	
10	
11	
12 pm	
1	**MUST GET THIS DONE!**
2	
3	
4	
5	
6	
7	
8	

Inspiration for today:

Sunday

September 27th, 2020

Time	
6 am	
7	
8	
9	
10	
11	
12 pm	
1	
2	
3	
4	
5	
6	
7	
8	

Health Goals:

MUST GET THIS DONE!

Inspiration for today:

Monday

September 28th, 2020

6 am	
7	Health Goals:
8	
9	
10	
11	
12 pm	
1	MUST GET THIS DONE!
2	
3	
4	
5	
6	
7	
8	

Inspiration for today:

Tuesday

September 29th, 2020

6 am	
7	
8	
9	
10	
11	
12 pm	
1	
2	
3	
4	
5	
6	
7	
8	

Health Goals:

_____

_____

_____

_____

_____

MUST GET THIS DONE!

_____

_____

_____

_____

_____

_____

_____

_____

Inspiration for today:

Wednesday

September 30th, 2020

6 am

7

8

9

10

11

12 pm

1

2

3

4

5

6

7

8

Health Goals:

MUST GET THIS DONE!

Inspiration for today:

Thursday

October 1st, 2020

6 am	
7	
8	
9	
10	
11	
12 pm	
1	
2	
3	
4	
5	
6	
7	
8	

Health Goals:

MUST GET THIS DONE!

Inspiration for today:

Friday

October 2nd, 2020

Time	
6 am	
7	
8	
9	
10	
11	
12 pm	
1	
2	
3	
4	
5	
6	
7	
8	

Health Goals:

MUST GET THIS DONE!

Inspiration for today:

Saturday

October 3rd, 2020

6 am	
7	
8	
9	
10	
11	
12 pm	
1	
2	
3	
4	
5	
6	
7	
8	

Health Goals:

MUST GET THIS DONE!

Inspiration for today:

Sunday

October 4th, 2020

6 am	
7	
8	
9	
10	
11	
12 pm	
1	
2	
3	
4	
5	
6	
7	
8	

Health Goals:

MUST GET THIS DONE!

Inspiration for today:

Monday

October 5th, 2020

6 am	
7	
8	
9	
10	
11	
12 pm	
1	
2	
3	
4	
5	
6	
7	
8	

Health Goals:

_____

_____

_____

_____

_____

MUST GET THIS DONE!

_____

_____

_____

_____

_____

_____

_____

_____

_____

_____

_____

Inspiration for today:

Tuesday

October 6th, 2020

Time	
6 am	
7	
8	
9	
10	
11	
12 pm	
1	
2	
3	
4	
5	
6	
7	
8	

Health Goals:

MUST GET THIS DONE!

Inspiration for today:

Wednesday

October 7th, 2020

6 am	
7	
8	
9	
10	
11	
12 pm	
1	
2	
3	
4	
5	
6	
7	
8	

Health Goals:

MUST GET THIS DONE!

Inspiration for today:

Thursday

October 8th, 2020

Time	
6 am	
7	
8	
9	
10	
11	
12 pm	
1	
2	
3	
4	
5	
6	
7	
8	

Health Goals:

MUST GET THIS DONE!

Inspiration for today:

Friday

October 9th, 2020

6 am	
7	
8	
9	
10	
11	
12 pm	
1	
2	
3	
4	
5	
6	
7	
8	

Health Goals:

MUST GET THIS DONE!

Inspiration for today:

Saturday

October 10th, 2020

6 am	
7	
8	
9	
10	
11	
12 pm	
1	
2	
3	
4	
5	
6	
7	
8	

Health Goals:

MUST GET THIS DONE!

Inspiration for today:

Sunday

October 11th, 2020

6 am	
7	
8	
9	
10	
11	
12 pm	
1	
2	
3	
4	
5	
6	
7	
8	

Health Goals:

MUST GET THIS DONE!

Inspiration for today:

Monday

October 12th, 2020

6 am	
7	
8	
9	
10	
11	
12 pm	
1	
2	
3	
4	
5	
6	
7	
8	

Health Goals:

MUST GET THIS DONE!

Inspiration for today:

Tuesday

October 13th, 2020

6 am	
7	
8	
9	
10	
11	
12 pm	
1	
2	
3	
4	
5	
6	
7	
8	

Health Goals:

_____

_____

_____

_____

MUST GET THIS DONE!

_____

_____

_____

_____

_____

_____

_____

_____

Inspiration for today:

_____

_____

_____

Wednesday

October 14th, 2020

6 am	
7	
8	
9	
10	
11	
12 pm	
1	
2	
3	
4	
5	
6	
7	
8	

Health Goals:

MUST GET THIS DONE!

Inspiration for today:

Thursday

October 15th, 2020

6 am

7

8

9

10

11

12 pm

1

2

3

4

5

6

7

8

Health Goals:

MUST GET THIS DONE!

Inspiration for today:

Friday

October 16th, 2020

Time	
6 am	
7	
8	
9	
10	
11	
12 pm	
1	
2	
3	
4	
5	
6	
7	
8	

Health Goals:

MUST GET THIS DONE!

Inspiration for today:

Saturday

October 17th, 2020

6 am	
7	
8	
9	
10	
11	
12 pm	
1	
2	
3	
4	
5	
6	
7	
8	

Health Goals:

MUST GET THIS DONE!

Inspiration for today:

Sunday

October 18th, 2020

6 am	
7	
8	
9	
10	
11	
12 pm	
1	
2	
3	
4	
5	
6	
7	
8	

Health Goals:

MUST GET THIS DONE!

Inspiration for today:

Monday

October 19th, 2020

6 am	
7	
8	
9	
10	
11	
12 pm	
1	
2	
3	
4	
5	
6	
7	
8	

Health Goals:

_____
_____
_____
_____
_____

MUST GET THIS DONE!

_____
_____
_____
_____
_____
_____
_____
_____
_____

Inspiration for today:

Tuesday

October 20th, 2020

6 am	
7	
8	
9	
10	
11	
12 pm	
1	
2	
3	
4	
5	
6	
7	
8	

Health Goals:

MUST GET THIS DONE!

Inspiration for today:

Wednesday

October 21st, 2020

Time	
6 am	
7	
8	
9	
10	
11	
12 pm	
1	
2	
3	
4	
5	
6	
7	
8	

Health Goals:

MUST GET THIS DONE!

Inspiration for today:

Thursday

October 22nd, 2020

Time	
6 am	
7	
8	
9	
10	
11	
12 pm	
1	
2	
3	
4	
5	
6	
7	
8	

Health Goals:

MUST GET THIS DONE!

Inspiration for today:

Friday

October 23rd, 2020

6 am	
7	
8	
9	
10	
11	
12 pm	
1	
2	
3	
4	
5	
6	
7	
8	

Health Goals:

MUST GET THIS DONE!

Inspiration for today:

Saturday

October 24th, 2020

6 am	
7	
8	Health Goals:
9	
10	
11	
12 pm	
1	MUST GET THIS DONE!
2	
3	
4	
5	
6	
7	
8	

Inspiration for today:

Sunday

October 25th, 2020

6 am	
7	
8	
9	
10	
11	
12 pm	
1	
2	
3	
4	
5	
6	
7	
8	

Health Goals:

_____

_____

_____

_____

_____

MUST GET THIS DONE!

_____

_____

_____

_____

_____

_____

_____

_____

_____

Inspiration for today:

Monday

October 26th, 2020

Time	
6 am	
7	
8	
9	
10	
11	
12 pm	
1	
2	
3	
4	
5	
6	
7	
8	

Health Goals:

MUST GET THIS DONE!

Inspiration for today:

Tuesday

October 27th, 2020

Time	
6 am	
7	
8	
9	
10	
11	
12 pm	
1	
2	
3	
4	
5	
6	
7	
8	

Health Goals:

MUST GET THIS DONE!

Inspiration for today:

Wednesday

October 28th, 2020

6 am

7

8

9

10

11

12 pm

1

2

3

4

5

6

7

8

Inspiration for today:

Health Goals:

MUST GET THIS DONE!

Thursday

October 29th, 2020

6 am	
7	
8	
9	
10	
11	
12 pm	
1	
2	
3	
4	
5	
6	
7	
8	

Health Goals:

MUST GET THIS DONE!

Inspiration for today:

Friday

October 30th, 2020

6 am	
7	
8	
9	
10	
11	
12 pm	
1	
2	
3	
4	
5	
6	
7	
8	

Health Goals:

MUST GET THIS DONE!

Inspiration for today:

Saturday

October 31st, 2020

6 am	
7	
8	
9	
10	
11	
12 pm	
1	
2	
3	
4	
5	
6	
7	
8	

Health Goals:

MUST GET THIS DONE!

Inspiration for today:

Sunday

November 1st, 2020

6 am	
7	
8	
9	
10	
11	
12 pm	
1	
2	
3	
4	
5	
6	
7	
8	

Health Goals:

MUST GET THIS DONE!

Inspiration for today:

Monday

November 2nd, 2020

6 am	
7	
8	
9	
10	
11	
12 pm	
1	
2	
3	
4	
5	
6	
7	
8	

Health Goals:

_____

_____

_____

_____

_____

MUST GET THIS DONE!

_____

_____

_____

_____

_____

_____

_____

_____

_____

Inspiration for today:

_____

_____

_____

_____

Tuesday

November 3rd, 2020

6 am	
7	
8	
9	
10	
11	
12 pm	
1	
2	
3	
4	
5	
6	
7	
8	

Health Goals:

MUST GET THIS DONE!

Inspiration for today:

Wednesday

November 4th, 2020

6 am	
7	
8	
9	
10	
11	
12 pm	
1	
2	
3	
4	
5	
6	
7	
8	

Health Goals:

MUST GET THIS DONE!

Inspiration for today:

Thursday

November 5th, 2020

Time	
6 am	
7	
8	
9	
10	
11	
12 pm	
1	
2	
3	
4	
5	
6	
7	
8	

Health Goals:

MUST GET THIS DONE!

Inspiration for today:

Friday

November 6th, 2020

Time	
6 am	
7	
8	
9	
10	
11	
12 pm	
1	
2	
3	
4	
5	
6	
7	
8	

Inspiration for today:

Health Goals:

MUST GET THIS DONE!

Saturday

November 7th, 2020

6 am	
7	
8	
9	
10	
11	
12 pm	
1	
2	
3	
4	
5	
6	
7	
8	

Health Goals:

MUST GET THIS DONE!

Inspiration for today:

Sunday

November 8th, 2020

6 am	
7	
8	
9	
10	
11	
12 pm	
1	
2	
3	
4	
5	
6	
7	
8	

Health Goals:

MUST GET THIS DONE!

Inspiration for today:

Monday

November 9th, 2020

6 am	
7	
8	
9	
10	
11	
12 pm	
1	
2	
3	
4	
5	
6	
7	
8	

Health Goals:

MUST GET THIS DONE!

Inspiration for today:

Tuesday

November 10th, 2020

Time	
6 am	
7	
8	
9	
10	
11	
12 pm	
1	
2	
3	
4	
5	
6	
7	
8	

Health Goals:

MUST GET THIS DONE!

Inspiration for today:

Wednesday

November 11th, 2020

6 am

7

8

9

10

11

12 pm

1

2

3

4

5

6

7

8

Health Goals:

MUST GET THIS DONE!

Inspiration for today:

Thursday

November 12th, 2020

Time	
6 am	
7	
8	
9	
10	
11	
12 pm	
1	
2	
3	
4	
5	
6	
7	
8	

Health Goals:

_____

_____

_____

_____

_____

MUST GET THIS DONE!

_____

_____

_____

_____

_____

_____

_____

_____

_____

Inspiration for today:

_____

_____

_____

_____

Friday

November 13th, 2020

6 am	
7	
8	
9	
10	
11	
12 pm	
1	
2	
3	
4	
5	
6	
7	
8	

Health Goals:

MUST GET THIS DONE!

Inspiration for today:

Saturday

November 14th, 2020

6 am	
7	
8	
9	
10	
11	
12 pm	
1	
2	
3	
4	
5	
6	
7	
8	

Health Goals:

MUST GET THIS DONE!

Inspiration for today:

Sunday

November 15th, 2020

6 am	
7	Health Goals:
8	
9	
10	
11	
12 pm	
1	MUST GET THIS DONE!
2	
3	
4	
5	
6	
7	
8	

Inspiration for today:

Monday

November 16th, 2020

6 am	
7	
8	
9	
10	
11	
12 pm	
1	
2	
3	
4	
5	
6	
7	
8	

Health Goals:

MUST GET THIS DONE!

Inspiration for today:

Tuesday

November 17th, 2020

6 am	
7	
8	
9	
10	
11	
12 pm	
1	
2	
3	
4	
5	
6	
7	
8	

Health Goals:

MUST GET THIS DONE!

Inspiration for today:

Wednesday

November 18th, 2020

6 am	
7	
8	
9	
10	
11	
12 pm	
1	
2	
3	
4	
5	
6	
7	
8	

Health Goals:

MUST GET THIS DONE!

Inspiration for today:

Thursday

November 19th, 2020

6 am	
7	
8	
9	
10	
11	
12 pm	
1	
2	
3	
4	
5	
6	
7	
8	

Health Goals:

MUST GET THIS DONE!

Inspiration for today:

Friday

November 20th, 2020

6 am	
7	
8	
9	
10	
11	
12 pm	
1	
2	
3	
4	
5	
6	
7	
8	

Health Goals:

MUST GET THIS DONE!

Inspiration for today:

Saturday

November 21st, 2020

6 am	
7	
8	
9	
10	
11	
12 pm	
1	
2	
3	
4	
5	
6	
7	
8	

Health Goals:

MUST GET THIS DONE!

Inspiration for today:

Sunday

November 22nd, 2020

Time	
6 am	
7	
8	
9	
10	
11	
12 pm	
1	
2	
3	
4	
5	
6	
7	
8	

Health Goals:

MUST GET THIS DONE!

Inspiration for today:

Monday

November 23rd, 2020

6 am	
7	
8	**Health Goals:**
9	
10	
11	
12 pm	
1	**MUST GET THIS DONE!**
2	
3	
4	
5	
6	
7	
8	

Inspiration for today:

Tuesday

November 24th, 2020

6 am	
7	
8	
9	
10	
11	
12 pm	
1	
2	
3	
4	
5	
6	
7	
8	

Health Goals:

MUST GET THIS DONE!

Inspiration for today:

Wednesday

November 25th, 2020

6 am	
7	
8	
9	
10	
11	
12 pm	
1	
2	
3	
4	
5	
6	
7	
8	

Health Goals:

MUST GET THIS DONE!

Inspiration for today:

Thursday

November 26th, 2020

6 am	
7	
8	Health Goals:
9	
10	
11	
12 pm	
1	MUST GET THIS DONE!
2	
3	
4	
5	
6	
7	
8	

Inspiration for today:

Friday

November 27th, 2020

Time	
6 am	
7	
8	
9	
10	
11	
12 pm	
1	
2	
3	
4	
5	
6	
7	
8	

Health Goals:

MUST GET THIS DONE!

Inspiration for today:

Saturday

November 28th, 2020

Time	
6 am	
7	
8	
9	
10	
11	
12 pm	
1	
2	
3	
4	
5	
6	
7	
8	

Health Goals:

MUST GET THIS DONE!

Inspiration for today:

Sunday

November 29th, 2020

6 am	
7	
8	
9	
10	
11	
12 pm	
1	
2	
3	
4	
5	
6	
7	
8	

Health Goals:

MUST GET THIS DONE!

Inspiration for today:

Monday

November 30th, 2020

Time	
6 am	
7	
8	
9	
10	
11	
12 pm	
1	
2	
3	
4	
5	
6	
7	
8	

Health Goals:

_____

_____

_____

_____

_____

MUST GET THIS DONE!

_____

_____

_____

_____

_____

_____

_____

_____

_____

Inspiration for today:

Tuesday

December 1st, 2020

6 am	
7	
8	
9	
10	
11	
12 pm	
1	
2	
3	
4	
5	
6	
7	
8	

Health Goals:

MUST GET THIS DONE!

Inspiration for today:

Wednesday

December 2nd, 2020

6 am

7

8

9

10

11

12 pm

1

2

3

4

5

6

7

8

Health Goals:

MUST GET THIS DONE!

Inspiration for today:

Thursday

December 3rd, 2020

Time	
6 am	
7	
8	
9	
10	
11	
12 pm	
1	
2	
3	
4	
5	
6	
7	
8	

Health Goals:

MUST GET THIS DONE!

Inspiration for today:

Friday

December 4th, 2020

Time	
6 am	
7	
8	
9	
10	
11	
12 pm	
1	
2	
3	
4	
5	
6	
7	
8	

Health Goals:

MUST GET THIS DONE!

Inspiration for today:

Saturday

December 5th, 2020

6 am	
7	
8	
9	
10	
11	
12 pm	
1	
2	
3	
4	
5	
6	
7	
8	

Health Goals:

MUST GET THIS DONE!

Inspiration for today:

Sunday

December 6th, 2020

Time	
6 am	
7	
8	
9	
10	
11	
12 pm	
1	
2	
3	
4	
5	
6	
7	
8	

Health Goals:

MUST GET THIS DONE!

Inspiration for today:

Monday

December 7th, 2020

6 am	
7	
8	
9	
10	
11	
12 pm	
1	
2	
3	
4	
5	
6	
7	
8	

Health Goals:

MUST GET THIS DONE!

Inspiration for today:

Tuesday

December 8th, 2020

6 am	
7	
8	
9	
10	
11	
12 pm	
1	
2	
3	
4	
5	
6	
7	
8	

Health Goals:

MUST GET THIS DONE!

Inspiration for today:

Wednesday

December 9th, 2020

Time	
6 am	
7	
8	
9	
10	
11	
12 pm	
1	
2	
3	
4	
5	
6	
7	
8	

Health Goals:

MUST GET THIS DONE!

Inspiration for today:

Thursday

December 10th, 2020

6 am

7

8

9

10

11

12 pm

1

2

3

4

5

6

7

8

Health Goals:

MUST GET THIS DONE!

Inspiration for today:

Friday

December 11th, 2020

6 am	
7	
8	
9	
10	
11	
12 pm	
1	
2	
3	
4	
5	
6	
7	
8	

Health Goals:

MUST GET THIS DONE!

Inspiration for today:

Saturday

December 12th, 2020

6 am	
7	
8	
9	
10	
11	
12 pm	
1	
2	
3	
4	
5	
6	
7	
8	

Health Goals:

MUST GET THIS DONE!

Inspiration for today:

Sunday

December 13th, 2020

6 am	
7	
8	
9	
10	
11	
12 pm	
1	
2	
3	
4	
5	
6	
7	
8	

Health Goals:

MUST GET THIS DONE!

Inspiration for today:

Monday

December 14th, 2020

6 am	
7	
8	
9	
10	
11	
12 pm	
1	
2	
3	
4	
5	
6	
7	
8	

Health Goals:

MUST GET THIS DONE!

Inspiration for today:

Tuesday

December 15th, 2020

Time	
6 am	
7	
8	
9	
10	
11	
12 pm	
1	
2	
3	
4	
5	
6	
7	
8	

Health Goals:

MUST GET THIS DONE!

Inspiration for today:

Wednesday

December 16th, 2020

6 am	
7	
8	
9	
10	
11	
12 pm	
1	
2	
3	
4	
5	
6	
7	
8	

Health Goals:

MUST GET THIS DONE!

Inspiration for today:

Thursday

December 17th, 2020

6 am	
7	
8	
9	
10	
11	
12 pm	
1	
2	
3	
4	
5	
6	
7	
8	

Health Goals:

MUST GET THIS DONE!

Inspiration for today:

Friday

December 18th, 2020

Time	
6 am	
7	
8	
9	
10	
11	
12 pm	
1	
2	
3	
4	
5	
6	
7	
8	

Health Goals:

MUST GET THIS DONE!

Inspiration for today:

Saturday

December 19th, 2020

6 am	
7	
8	
9	
10	
11	
12 pm	
1	
2	
3	
4	
5	
6	
7	
8	

Health Goals:

MUST GET THIS DONE!

Inspiration for today:

Sunday

December 20th, 2020

6 am	
7	
8	
9	
10	
11	
12 pm	
1	
2	
3	
4	
5	
6	
7	
8	

Health Goals:

MUST GET THIS DONE!

Inspiration for today:

Monday

December 21st, 2020

6 am	
7	
8	
9	
10	
11	
12 pm	
1	
2	
3	
4	
5	
6	
7	
8	

Health Goals:

MUST GET THIS DONE!

Inspiration for today:

Tuesday

December 22nd, 2020

6 am	
7	
8	
9	
10	
11	
12 pm	
1	
2	
3	
4	
5	
6	
7	
8	

Health Goals:

MUST GET THIS DONE!

Inspiration for today:

Wednesday

December 23rd, 2020

6 am

7

8

9

10

11

12 pm

1

2

3

4

5

6

7

8

Health Goals:

MUST GET THIS DONE!

Inspiration for today:

Thursday

December 24th, 2020

6 am	
7	
8	
9	
10	
11	
12 pm	
1	
2	
3	
4	
5	
6	
7	
8	

Health Goals:

MUST GET THIS DONE!

Inspiration for today:

Friday

December 25th, 2020

6 am	
7	
8	
9	
10	
11	
12 pm	
1	
2	
3	
4	
5	
6	
7	
8	

Health Goals:

MUST GET THIS DONE!

Inspiration for today:

Saturday

December 26th, 2020

6 am	
7	
8	
9	
10	
11	
12 pm	
1	
2	
3	
4	
5	
6	
7	
8	

Health Goals:

MUST GET THIS DONE!

Inspiration for today:

Sunday

December 27th, 2020

6 am

7

8

9

10

11

12 pm

1

2

3

4

5

6

7

8

Inspiration for today:

Health Goals:

MUST GET THIS DONE!

Monday

December 28th, 2020

Time	
6 am	
7	
8	
9	
10	
11	
12 pm	
1	
2	
3	
4	
5	
6	
7	
8	

Health Goals:

MUST GET THIS DONE!

Inspiration for today:

Tuesday

December 29th, 2020

6 am	
7	Health Goals:
8	
9	
10	
11	
12 pm	
1	MUST GET THIS DONE!
2	
3	
4	
5	
6	
7	
8	

Inspiration for today:

Wednesday

December 30th, 2020

6 am	
7	
8	
9	
10	
11	
12 pm	
1	
2	
3	
4	
5	
6	
7	
8	

Health Goals:

MUST GET THIS DONE!

Inspiration for today:

Thursday

December 31st, 2020

6 am	
7	
8	
9	
10	
11	
12 pm	
1	
2	
3	
4	
5	
6	
7	
8	

Health Goals:

MUST GET THIS DONE!

Inspiration for today:

www.ingramcontent.com/pod-product-compliance
Lightning Source LLC
Chambersburg PA
CBHW070524220526
45467CB00003B/838